Date _____

_____

سُورَة
Surah _____

Ayat آيات

Mon.	
Tue.	
Wed.	
Thu.	
Fri.	
Sat.	
Sun.	

Goal Reached for the Week

☐ yes   ☐ No

Writing Practice

Date _____   Surah سُورَة

_____

Ayat آيات _____

_____

_____

_____

_____

_____

_____

_____

_____

_____

Writing Practice

Date _____

Surah سُورَة

_____

Ayat آيات _____

_____

_____

_____

_____

_____

_____

_____

_____

_____

Writing Practice

Date _____   Surah سُورَة

_____

Ayat آيات _____

_____

_____

_____

_____

_____

_____

_____

_____

_____

_____

Date _____　　This Week's Goal

_____

سُورَة
Surah _____

Ayat آيات

Mon.	
Tue.	
Wed.	
Thu.	
Fri.	
Sat.	
Sun.	

Goal Reached for the Week

☐ yes　　　☐ No

Writing Practice

Date _____   Surah سُورَة

_____

Ayat آیات _____

_____

_____

_____

_____

_____

_____

_____

_____

_____

_____

Writing Practice

Date _____

Surah سُورَة

_____

Ayat آيات _____

_____

_____

_____

_____

_____

_____

_____

_____

_____

Writing Practice

Date _____   Surah سُورَة

_____

Ayat آيات _____

_____

_____

_____

_____

_____

_____

_____

_____

_____

_____

_____

Date _____   This Week's Goal

_____

سُورَة
Surah _____

Ayat آيات

Mon.	
Tue.	
Wed.	
Thu.	
Fri.	
Sat.	
Sun.	

Goal Reached for the Week

☐ yes   ☐ No

Writing Practice

Date _____   Surah سُورَة

_____

Ayat آیات _____

_____

_____

_____

_____

_____

_____

_____

_____

_____

_____

Writing Practice

Date _____   Surah سُورَة

_____

Ayat آیات _____

_____

_____

_____

_____

_____

_____

_____

_____

_____

Writing Practice

Date _____   Surah سُورَة

_____

Ayat آيات _____

_____

_____

_____

_____

_____

_____

_____

_____

_____

Date _____   This Week's Goal

_____

سُورَة
Surah
_____

Ayat آيات

Mon.	
Tue.	
Wed.	
Thu.	
Fri.	
Sat.	
Sun.	

Goal Reached for the Week

☐ yes   ☐ No

Writing Practice

Date _____   Surah سُورَة

_____

Ayat آیات _____

_____

_____

_____

_____

_____

_____

_____

_____

_____

_____

Writing Practice

Date _____   Surah سُورَة

_____

Ayat آيات _____

_____

_____

_____

_____

_____

_____

_____

_____

_____

_____

_____

Writing Practice

Date _____   Surah سُورَة

_____

Ayat آیات _____

_____

_____

_____

_____

_____

_____

_____

_____

_____

_____

Date _____   This Week's Goal

_____

سُورَة
Surah
_____

Ayat آيات

Mon.	
Tue.	
Wed.	
Thu.	
Fri.	
Sat.	
Sun.	

Goal Reached for the Week

☐ yes   ☐ No

Writing Practice

Date _____   Surah سُورَة

_____

Ayat آيات _____

_____

_____

_____

_____

_____

_____

_____

_____

_____

_____

Writing Practice

Date _____   Surah سُورَة

_____

Ayat آيات _____

_____

_____

_____

_____

_____

_____

_____

_____

_____

Writing Practice

Date _____   Surah سُورَة

_____

Ayat آيات _____

_____

_____

_____

_____

_____

_____

_____

_____

_____

Date _____ This Week's Goal

_____

سُورَة
Surah
_____

Ayat آيات

Mon.	
Tue.	
Wed.	
Thu.	
Fri.	
Sat.	
Sun.	

Goal Reached for the Week

☐ yes   ☐ No

Writing Practice

Date _____   Surah سُورَة

_____

Ayat آيات _____

_____

_____

_____

_____

_____

_____

_____

_____

_____

Writing Practice

Date _____   Surah سُورَة

_____

Ayat آيات _____

_____

_____

_____

_____

_____

_____

_____

_____

_____

Writing Practice

Date _____   Surah سُورَة

_____

Ayat آيات _____

_____

_____

_____

_____

_____

_____

_____

_____

_____

_____

Date _____ This Week's Goal

_____

سُورَة
Surah _____

آيات Ayat

Mon.	
Tue.	
Wed.	
Thu.	
Fri.	
Sat.	
Sun.	

Goal Reached for the Week

☐ yes   ☐ No

Writing Practice

Date _____   Surah سُورَة

_____

Ayat آيات _____

_____

_____

_____

_____

_____

_____

_____

_____

_____

_____

Writing Practice

Date _____

Surah سُورَة

_____

Ayat آيات _____

_____

_____

_____

_____

_____

_____

_____

_____

_____

_____

Writing Practice

Date _____   Surah سُورَة

_____

Ayat آیات _____

_____

_____

_____

_____

_____

_____

_____

_____

_____

Date _____   **This Week's Goal**

_____

سُورَة
Surah _____

Ayat آيات

Mon.	
Tue.	
Wed.	
Thu.	
Fri.	
Sat.	
Sun.	

Goal Reached for the Week

☐ yes   ☐ No

Writing Practice

Date _____   Surah سُورَة

_____

Ayat آيات _____

_____

_____

_____

_____

_____

_____

_____

_____

_____

_____

_____

Writing Practice

Date _____   Surah سُورَة

_____

Ayat آيات _____

_____

_____

_____

_____

_____

_____

_____

_____

_____

_____

Writing Practice

Date _____   Surah سُورَة

_____

Ayat آيات _____

_____

_____

_____

_____

_____

_____

_____

_____

_____

Date _____   **This Week's Goal**

_____

سُورَة
Surah _____

Ayat آيات

Mon.	
Tue.	
Wed.	
Thu.	
Fri.	
Sat.	
Sun.	

Goal Reached for the Week

☐ yes   ☐ No

Writing Practice

Date _____   Surah سُورَة

_____

Ayat آيات _____

_____

_____

_____

_____

_____

_____

_____

_____

_____

Writing Practice

Date _____   Surah سُورَة

_____

Ayat آيات _____

_____

_____

_____

_____

_____

_____

_____

_____

_____

Writing Practice

Date _____   Surah سُورَة

_____

Ayat آيات _____

_____

_____

_____

_____

_____

_____

_____

_____

_____

Date _____   This Week's Goal

_____

سُورَة
Surah _____

Ayat آيات

Mon.	
Tue.	
Wed.	
Thu.	
Fri.	
Sat.	
Sun.	

Goal Reached for the Week

☐ yes   ☐ No

Writing Practice

Date _____   Surah سُورَة

_____

Ayat آيات _____

_____

_____

_____

_____

_____

_____

_____

_____

_____

Writing Practice

Date _____   Surah سُورَة

_____

Ayat آیات _____

_____

_____

_____

_____

_____

_____

_____

_____

_____

_____

Writing Practice

Date _____   Surah سُورَة

_____

Ayat آيات _____

_____

_____

_____

_____

_____

_____

_____

_____

_____

_____

Date _____   This Week's Goal

_____

سُورَة

Surah _____

آيات Ayat

Mon.	
Tue.	
Wed.	
Thu.	
Fri.	
Sat.	
Sun.	

Goal Reached for the Week

☐ yes   ☐ No

Writing Practice

Date _____   Surah سُورَة

_____

Ayat آیات _____

_____

_____

_____

_____

_____

_____

_____

_____

Writing Practice

Date _____   Surah سُورَة

_____

Ayat آیات _____

_____

_____

_____

_____

_____

_____

_____

_____

Writing Practice

Date _____   Surah سُورَة

_____

Ayat آيات _____

_____

_____

_____

_____

_____

_____

_____

_____

Date _____   **This Week's Goal**

_____

سُورَة
Surah _____

Ayat آيات

Mon.	
Tue.	
Wed.	
Thu.	
Fri.	
Sat.	
Sun.	

Goal Reached for the Week

☐ yes   ☐ No

Writing Practice

Date _____

Surah سُورَة

_____

Ayat آیات _____

_____

_____

_____

_____

_____

_____

_____

_____

_____

Writing Practice

Date _____   Surah سُورَة

_____

Ayat آيات _____

_____

_____

_____

_____

_____

_____

_____

_____

_____

Writing Practice

Date _____   Surah سُورَة

_____

Ayat آیات _____

_____

_____

_____

_____

_____

_____

_____

_____

_____

Date _____   This Week's Goal

_____

سُورَة
Surah _____

Ayat آيات

Mon.	
Tue.	
Wed.	
Thu.	
Fri.	
Sat.	
Sun.	

Goal Reached for the Week

☐ yes   ☐ No

Writing Practice

Date _____   Surah سُورَة

_____

Ayat آيات _____

_____

_____

_____

_____

_____

_____

_____

_____

_____

Writing Practice

Date _____   Surah سُورَة

_____

Ayat آیات _____

_____

_____

_____

_____

_____

_____

_____

_____

_____

_____

Writing Practice

Date _____   Surah سُورَة

_____

Ayat آيات _____

_____

_____

_____

_____

_____

_____

_____

_____

_____

Date _____   This Week's Goal

_____

سُورَة
Surah _____

آيات Ayat

Mon.	
Tue.	
Wed.	
Thu.	
Fri.	
Sat.	
Sun.	

Goal Reached for the Week

☐ yes   ☐ No

Writing Practice

Date _____   Surah سُورَة

_____

Ayat آيات _____

_____

_____

_____

_____

_____

_____

_____

_____

_____

Writing Practice

Date _____   Surah سُورَة

_____

Ayat آیات _____

_____

_____

_____

_____

_____

_____

_____

_____

_____

Writing Practice

Date _____   Surah سُورَة

_____

Ayat آيات _____

_____

_____

_____

_____

_____

_____

_____

_____

_____

_____

Date _____   **This Week's Goal**

_____

سُورَة
Surah _____

آيات Ayat

Mon.	
Tue.	
Wed.	
Thu.	
Fri.	
Sat.	
Sun.	

Goal Reached for the Week

☐ yes   ☐ No

Writing Practice

Date _____   Surah سُورَة

_____

Ayat آیات _____

_____

_____

_____

_____

_____

_____

_____

_____

_____

Writing Practice

Date _____   Surah سُورَة

_____

Ayat آیات _____

_____

_____

_____

_____

_____

_____

_____

_____

_____

Writing Practice

Date _____   Surah سُورَة

_____

Ayat آيات _____

_____

_____

_____

_____

_____

_____

_____

_____

_____

Date _____   This Week's Goal

_____

سُورَة
Surah _____

Ayat آيات

Mon.	
Tue.	
Wed.	
Thu.	
Fri.	
Sat.	
Sun.	

Goal Reached for the Week

☐ yes   ☐ No

Writing Practice

Date _____   Surah سُورَة

_____

Ayat آيات _____

_____

_____

_____

_____

_____

_____

_____

_____

_____

Writing Practice

Date _____

Surah سُورَة

_____

Ayat آيات _____

_____

_____

_____

_____

_____

_____

_____

_____

_____

Writing Practice

Date _____   Surah سُورَة

_____

Ayat آيات _____

_____

_____

_____

_____

_____

_____

_____

_____

_____

_____

Date _____   This Week's Goal

_____

سُورَة
Surah _____

Ayat آيات

Mon.	
Tue.	
Wed.	
Thu.	
Fri.	
Sat.	
Sun.	

Goal Reached for the Week

☐ yes   ☐ No

Writing Practice

Date _____   Surah سُورَة

_____

Ayat آیات _____

_____

_____

_____

_____

_____

_____

_____

_____

_____

Writing Practice

Date _____   Surah سُورَة

_____

Ayat آیات _____

_____

_____

_____

_____

_____

_____

_____

_____

_____

Writing Practice

Date _____   Surah سُورَة

_____

Ayat آیات _____

_____

_____

_____

_____

_____

_____

_____

_____

_____

Date _____ **This Week's Goal**

_____

سُورَة
Surah _____

آيات Ayat

Mon.	
Tue.	
Wed.	
Thu.	
Fri.	
Sat.	
Sun.	

Goal Reached for the Week

☐ yes   ☐ No

Writing Practice

Date _____   Surah سُورَة

_____

Ayat آيات _____

_____

_____

_____

_____

_____

_____

_____

_____

_____

Writing Practice

Date _____   Surah سُورَة

_____

Ayat آیات _____

_____

_____

_____

_____

_____

_____

_____

_____

_____

_____

Writing Practice

Date _____   Surah سُورَة

_____

Ayat آيات _____

_____

_____

_____

_____

_____

_____

_____

_____

_____

_____

Date _____	This Week's Goal
	_____

سُورَة
Surah _____

Ayat آيات

Mon.	
Tue.	
Wed.	
Thu.	
Fri.	
Sat.	
Sun.	

Goal Reached for the Week

☐ yes   ☐ No

Writing Practice

Date _____   Surah سُورَة

_____

Ayat آيات _____

_____

_____

_____

_____

_____

_____

_____

_____

_____

_____

Writing Practice

Date _____

Surah سُورَة

_____

Ayat آیات _____

_____

_____

_____

_____

_____

_____

_____

_____

_____

Writing Practice

Date _____   Surah سُورَة

_____

Ayat آيات _____

_____

_____

_____

_____

_____

_____

_____

_____

_____

Date _____   This Week's Goal

_____

سُورَة
Surah _____

Ayat آيات

Mon.	
Tue.	
Wed.	
Thu.	
Fri.	
Sat.	
Sun.	

Goal Reached for the Week

☐ yes   ☐ No

Writing Practice

Date _____

Surah سُورَة
_____

Ayat آيات _____

_____

_____

_____

_____

_____

_____

_____

_____

_____

_____

Writing Practice

Date _____   Surah سُورَة

_____

Ayat آيات _____

_____

_____

_____

_____

_____

_____

_____

_____

_____

Writing Practice

Date _____   Surah سُورَة

_____

Ayat آیات _____

_____

_____

_____

_____

_____

_____

_____

_____

_____

_____

Date _____   This Week's Goal

_____

سُورَة
Surah _____

Ayat آيات

Mon.	
Tue.	
Wed.	
Thu.	
Fri.	
Sat.	
Sun.	

Goal Reached for the Week

☐ yes   ☐ No

Writing Practice

Date _____   Surah سُورَة

_____

Ayat آيات _____

_____

_____

_____

_____

_____

_____

_____

_____

_____

Writing Practice

Date _____   Surah   سُورَة

_____

Ayat آیات _____

_____

_____

_____

_____

_____

_____

_____

_____

_____

_____

_____

Writing Practice

Date _____   Surah سُورَة

_____

Ayat آیات _____

_____

_____

_____

_____

_____

_____

_____

_____

_____

Date _____   This Week's Goal

_____

سُورَة
Surah _____

Ayat آيات

Mon.	
Tue.	
Wed.	
Thu.	
Fri.	
Sat.	
Sun.	

Goal Reached for the Week

☐ yes   ☐ No

Writing Practice

Date _____   Surah سُورَة

_____

Ayat آيات _____

_____

_____

_____

_____

_____

_____

_____

_____

_____

_____

Writing Practice

Date _____

Surah سُورَة

_____

Ayat آیات _____

_____

_____

_____

_____

_____

_____

_____

_____

_____

_____

Writing Practice

Date _____   Surah سُورَة

_____

Ayat آيات _____

_____

_____

_____

_____

_____

_____

_____

_____

_____

_____

Date _____   **This Week's Goal**

_____

سُورَة
Surah
_____

Ayat آيات

Mon.	
Tue.	
Wed.	
Thu.	
Fri.	
Sat.	
Sun.	

Goal Reached for the Week

☐ yes   ☐ No

Writing Practice

Date _____   Surah سُورَة

_____

Ayat آيات _____

_____

_____

_____

_____

_____

_____

_____

_____

_____

_____

Writing Practice

Date _____   Surah سُورَة

_____

Ayat آيات _____

_____

_____

_____

_____

_____

_____

_____

_____

_____

_____

Writing Practice

Date _____   Surah سُورَة

_____

Ayat آيات _____

_____

_____

_____

_____

_____

_____

_____

_____

_____

_____

Date _____   This Week's Goal

_____

سُورَة
Surah _____

Ayat آيات

Mon.	
Tue.	
Wed.	
Thu.	
Fri.	
Sat.	
Sun.	

Goal Reached for the Week

☐ yes   ☐ No

Writing Practice

Date _____   Surah سُورَة

_____

Ayat آيات _____

_____

_____

_____

_____

_____

_____

_____

_____

_____

_____

Writing Practice

Date _____   Surah سُورَة

_____

Ayat آیات _____

_____

_____

_____

_____

_____

_____

_____

_____

_____

_____

_____

Writing Practice

Date _____   Surah سُورَة

_____

Ayat آيات _____

_____

_____

_____

_____

_____

_____

_____

_____

_____

_____

Date _____   This Week's Goal

_____

سُورَة
Surah _____

Ayat آيات

Mon.	
Tue.	
Wed.	
Thu.	
Fri.	
Sat.	
Sun.	

Goal Reached for the Week

☐ yes   ☐ No

Writing Practice

Date _____   Surah سُورَة

_____

Ayat آيات _____

_____

_____

_____

_____

_____

_____

_____

_____

_____

_____

Writing Practice

Date _____   Surah سُورَة

_____

Ayat آيات _____

_____

_____

_____

_____

_____

_____

_____

_____

_____

_____

Writing Practice

Date _____   Surah   سُورَة

_____

Ayat آيات _____

_____

_____

_____

_____

_____

_____

_____

_____

_____

Date _____   This Week's Goal

_____

سُورَة
Surah _____

Ayat آيات

Mon.	
Tue.	
Wed.	
Thu.	
Fri.	
Sat.	
Sun.	

Goal Reached for the Week

☐ yes   ☐ No

Writing Practice

Date _____   Surah سُورَة

_____

Ayat آیات _____

_____

_____

_____

_____

_____

_____

_____

_____

_____

Writing Practice

Date _____

Surah سُورَة

_____

Ayat آيات _____

_____

_____

_____

_____

_____

_____

_____

_____

_____

_____

Writing Practice

Date _____   Surah سُورَة

_____

Ayat آيات _____

_____

_____

_____

_____

_____

_____

_____

_____

_____

Date _____   This Week's Goal

_____

سُورَة
Surah _____

Ayat آيات

Mon.	
Tue.	
Wed.	
Thu.	
Fri.	
Sat.	
Sun.	

Goal Reached for the Week

☐ yes   ☐ No

Writing Practice

Date _____   Surah سُورَة

_____

Ayat آیات _____

_____

_____

_____

_____

_____

_____

_____

_____

_____

_____

Writing Practice

Date _____

Surah سُورَة

_____

Ayat آیات _____

_____

_____

_____

_____

_____

_____

_____

_____

_____

_____

_____

Writing Practice

Date _____

Surah سُورَة

_____

Ayat آيات _____

Date _____ This Week's Goal

_____

سُورَة
Surah _____

Ayat آيات

Mon.	
Tue.	
Wed.	
Thu.	
Fri.	
Sat.	
Sun.	

Goal Reached for the Week

☐ yes   ☐ No

Writing Practice

Date _____   Surah سُورَة

_____

Ayat آیات _____

_____

_____

_____

_____

_____

_____

_____

_____

_____

Writing Practice

Date _____   Surah سُورَة

_____

Ayat آيات _____

_____

_____

_____

_____

_____

_____

_____

_____

_____

Writing Practice

Date _____   Surah سُورَة

_____

Ayat آيات _____

_____

_____

_____

_____

_____

_____

_____

_____

_____

Date _____ **This Week's Goal**

_____

سُورَة
Surah _____

Ayat آيات

Mon.	
Tue.	
Wed.	
Thu.	
Fri.	
Sat.	
Sun.	

Goal Reached for the Week

☐ yes   ☐ No

Writing Practice

Date _____   Surah سُورَة

_____

Ayat آیات _____

_____

_____

_____

_____

_____

_____

_____

_____

_____

Writing Practice

Date _____   Surah سُورَة

_____

Ayat آيات _____

_____

_____

_____

_____

_____

_____

_____

_____

_____

_____

Writing Practice

Date _____   Surah سُورَة

_____

Ayat آيات _____

_____

_____

_____

_____

_____

_____

_____

_____

_____

_____

Date _____   This Week's Goal

_____

سُورَة
Surah
_____

Ayat آيات

Mon.	
Tue.	
Wed.	
Thu.	
Fri.	
Sat.	
Sun.	

Goal Reached for the Week

☐ yes   ☐ No

Writing Practice

Date _____   Surah سُورَة

_____

Ayat آيات _____

_____

_____

_____

_____

_____

_____

_____

_____

_____

Writing Practice

Date _____   Surah سُورَة

_____

Ayat آیات _____

_____

_____

_____

_____

_____

_____

_____

_____

_____

_____

Writing Practice

Date _____   Surah سُورَة

_____

Ayat آيات _____

_____

_____

_____

_____

_____

_____

_____

_____

_____

_____

Date _____   **This Week's Goal**

_____

سُورَة
Surah _____

Ayat آیات

Mon.	
Tue.	
Wed.	
Thu.	
Fri.	
Sat.	
Sun.	

Goal Reached for the Week

☐ yes   ☐ No

Writing Practice

Date _____   Surah سُورَة

_____

Ayat آیات _____

_____

_____

_____

_____

_____

_____

_____

_____

Writing Practice

Date _____   Surah سُورَة

_____

Ayat آيات _____

_____

_____

_____

_____

_____

_____

_____

_____

_____

Writing Practice

Date _____   Surah سُورَة

_____

Ayat آيات _____

_____

_____

_____

_____

_____

_____

_____

_____

_____

Date _____   **This Week's Goal**

_____

سُورَة
Surah _____

Ayat آيات

Mon.	
Tue.	
Wed.	
Thu.	
Fri.	
Sat.	
Sun.	

Goal Reached for the Week

☐ yes   ☐ No

Writing Practice

Date _____   Surah سُورَة

_____

Ayat آیات _____

_____

_____

_____

_____

_____

_____

_____

_____

_____

_____

Writing Practice

Date _____   Surah سُورَة

_____

Ayat آيات _____

_____

_____

_____

_____

_____

_____

_____

_____

_____

_____

Writing Practice

Date _____   Surah سُورَة

_____

Ayat آيات _____

_____

_____

_____

_____

_____

_____

_____

_____

_____

_____

Date _____   This Week's Goal

_____

سُورَة
Surah _____

Ayat آيات

Mon.	
Tue.	
Wed.	
Thu.	
Fri.	
Sat.	
Sun.	

Goal Reached for the Week

☐ yes   ☐ No

Writing Practice

Date _____   Surah سُورَة

_____

Ayat آیات _____

_____

_____

_____

_____

_____

_____

_____

_____

_____

_____

Writing Practice

Date _____   Surah سُورَة

_____

Ayat آیات _____

_____

_____

_____

_____

_____

_____

_____

_____

_____

_____

Writing Practice

Date _____   Surah سُورَة

_____

Ayat آيات _____

_____

_____

_____

_____

_____

_____

_____

_____

_____

_____

Date _____   This Week's Goal

_____

سُورَة
Surah _____

Ayat آيات

Mon.	
Tue.	
Wed.	
Thu.	
Fri.	
Sat.	
Sun.	

Goal Reached for the Week

☐ yes   ☐ No

Writing Practice

Date _____   Surah سُورَة

_____

Ayat آیات _____

_____

_____

_____

_____

_____

_____

_____

_____

_____

Writing Practice

Date _____   Surah سُورَة

_____

Ayat آيات _____

_____

_____

_____

_____

_____

_____

_____

_____

_____

Writing Practice

Date _____   Surah سُورَة

_____

Ayat آيات _____

_____

_____

_____

_____

_____

_____

_____

_____

_____

_____

Date _____   This Week's Goal

                              _____

سُورَة
Surah _____

                Ayat آيات

Mon. |_____

Tue. |_____

Wed. |_____

Thu. |_____

Fri. |_____

Sat. |_____

Sun. |_____

          Goal Reached for the Week

              ☐ yes   ☐ No

Writing Practice

Date _____   Surah سُورَة

_____

Ayat آیات _____

_____

_____

_____

_____

_____

_____

_____

_____

_____

Writing Practice

Date _____   Surah سُورَة

_____

Ayat آيات _____

_____

_____

_____

_____

_____

_____

_____

_____

_____

_____

_____

Writing Practice

Date _____   Surah سُورَة

_____

Ayat آيات _____

_____

_____

_____

_____

_____

_____

_____

_____

_____

_____

Date _____ This Week's Goal

_____

سُورَة
Surah _____

Ayat آيات

Mon.	
Tue.	
Wed.	
Thu.	
Fri.	
Sat.	
Sun.	

Goal Reached for the Week

☐ yes   ☐ No

Writing Practice

Date _____   Surah سُورَة

_____

Ayat آيات _____

_____

_____

_____

_____

_____

_____

_____

_____

_____

_____

Writing Practice

Date _____   Surah سُورَة

_____

Ayat آیات _____

_____

_____

_____

_____

_____

_____

_____

_____

_____

_____

_____

Writing Practice

Date _____   Surah سُورَة

_____

Ayat آيات _____

_____

_____

_____

_____

_____

_____

_____

_____

_____

_____

Date _____   **This Week's Goal**

_____

سُورَة
Surah _____

Ayat آيات

Mon.	
Tue.	
Wed.	
Thu.	
Fri.	
Sat.	
Sun.	

Goal Reached for the Week

☐ yes   ☐ No

Writing Practice

Date _____   Surah سُورَة

_____

Ayat آيات _____

_____

_____

_____

_____

_____

_____

_____

_____

_____

_____

Writing Practice

Date _____   Surah سُورَة

_____

Ayat آيات _____

_____

_____

_____

_____

_____

_____

_____

_____

_____

Writing Practice

Date _____   Surah سُورَة

_____

Ayat آيات _____

_____

_____

_____

_____

_____

_____

_____

_____

_____

_____

Date _____   This Week's Goal

_____

سُورَة
Surah _____

Ayat آيات

Mon.	
Tue.	
Wed.	
Thu.	
Fri.	
Sat.	
Sun.	

Goal Reached for the Week

☐ yes   ☐ No

Writing Practice

Date _____   Surah سُورَة

_____

Ayat آيات _____

_____

_____

_____

_____

_____

_____

_____

_____

_____

Writing Practice

Date _____   Surah سُورَة

_____

Ayat آيات _____

_____

_____

_____

_____

_____

_____

_____

_____

_____

_____

Writing Practice

Date _____   Surah سُورَة

_____

Ayat آیات _____

_____

_____

_____

_____

_____

_____

_____

_____

_____

_____

_____

Date _____ This Week's Goal

_____

سُورَة
Surah _____

Ayat آیات

Mon.	
Tue.	
Wed.	
Thu.	
Fri.	
Sat.	
Sun.	

Goal Reached for the Week

☐ yes   ☐ No

Writing Practice

Date _____   Surah سُورَة

_____

Ayat آیات _____

_____

_____

_____

_____

_____

_____

_____

_____

_____

Writing Practice

Date _____   Surah سُورَة

_____

Ayat آيات _____

_____

_____

_____

_____

_____

_____

_____

_____

_____

Writing Practice

Date _____   Surah سُورَة

_____

Ayat آيات _____

_____

_____

_____

_____

_____

_____

_____

_____

_____

_____

Date _____	This Week's Goal
	_____

سُورَة
Surah _____

Ayat آيات

Mon.	
Tue.	
Wed.	
Thu.	
Fri.	
Sat.	
Sun.	

Goal Reached for the Week

☐ yes   ☐ No

Writing Practice

Date _____   Surah سُورَة

_____

Ayat آيات _____

_____

_____

_____

_____

_____

_____

_____

_____

_____

Writing Practice

Date _____   Surah سُورَة

_____

Ayat آيات _____

_____

_____

_____

_____

_____

_____

_____

_____

_____

_____

Writing Practice

Date _____

Surah سُورَة

_____

Ayat آيات _____

_____

_____

_____

_____

_____

_____

_____

_____

_____

_____

Date _____   This Week's Goal

_____

سُورَة
Surah _____

Ayat آيات

Mon.	
Tue.	
Wed.	
Thu.	
Fri.	
Sat.	
Sun.	

Goal Reached for the Week

☐ yes   ☐ No

Writing Practice

Date _____   Surah سُورَة

_____

Ayat آیات _____

_____

_____

_____

_____

_____

_____

_____

_____

_____

_____

_____

Writing Practice

Date _____   Surah سُورَة

_____

Ayat آيات _____

_____

_____

_____

_____

_____

_____

_____

_____

_____

Writing Practice

Date _____   Surah سُورَة

_____

Ayat آيات _____

_____

_____

_____

_____

_____

_____

_____

_____

_____

Date _____   This Week's Goal

_____

سُورَة
Surah _____

Ayat آيات

Mon.	
Tue.	
Wed.	
Thu.	
Fri.	
Sat.	
Sun.	

Goal Reached for the Week

☐ yes   ☐ No

Writing Practice

Date _____   Surah سُورَة

_____

Ayat آيات _____

_____

_____

_____

_____

_____

_____

_____

_____

_____

Writing Practice

Date _____   Surah سُورَة

_____

Ayat آیات _____

_____

_____

_____

_____

_____

_____

_____

_____

_____

_____

_____

_____

_____

Writing Practice

Date _____   Surah سُورَة

_____

Ayat آیات _____

_____

_____

_____

_____

_____

_____

_____

_____

_____

_____

Date _____   **This Week's Goal**

_____

سُورَة
Surah _____

آيات Ayat

Mon.	
Tue.	
Wed.	
Thu.	
Fri.	
Sat.	
Sun.	

Goal Reached for the Week

☐ yes   ☐ No

Writing Practice

Date _____   Surah سُورَة

_____

Ayat آيات _____

_____

_____

_____

_____

_____

_____

_____

_____

_____

_____

Writing Practice

Date _____   Surah سُورَة

_____

Ayat آيات _____

_____

_____

_____

_____

_____

_____

_____

_____

_____

Writing Practice

Date _____   Surah سُورَة

_____

Ayat آیات _____

_____

_____

_____

_____

_____

_____

_____

_____

_____

Date _____   This Week's Goal

_____

سُورَة
Surah _____

Ayat آيات

Mon.	
Tue.	
Wed.	
Thu.	
Fri.	
Sat.	
Sun.	

Goal Reached for the Week

☐ yes   ☐ No

Writing Practice

Date _____   Surah سُورَة

_____

Ayat آيات _____

_____

_____

_____

_____

_____

_____

_____

_____

_____

_____

Writing Practice

Date _____   Surah سُورَة

_____

Ayat آيات _____

_____

_____

_____

_____

_____

_____

_____

_____

_____

_____

_____

Writing Practice

Date _____

Surah سُورَة

_____

Ayat آيات _____

_____

_____

_____

_____

_____

_____

_____

_____

_____

_____

Date _____   This Week's Goal

_____

سُورَة
Surah
_____

Ayat آيات

Mon.	
Tue.	
Wed.	
Thu.	
Fri.	
Sat.	
Sun.	

Goal Reached for the Week

☐ yes   ☐ No

Writing Practice

Date _____

Surah سُورَة

_____

Ayat آیات _____

_____

_____

_____

_____

_____

_____

_____

_____

_____

_____

Writing Practice

Date _____   Surah سُورَة

_____

Ayat آيات _____

_____

_____

_____

_____

_____

_____

_____

_____

_____

_____

_____

Writing Practice

Date _____   Surah سُورَة

_____

Ayat آيات _____

_____

_____

_____

_____

_____

_____

_____

_____

_____

_____

Date _____ **This Week's Goal**

_____

سُورَة
Surah _____

Ayat آيات

Mon.	
Tue.	
Wed.	
Thu.	
Fri.	
Sat.	
Sun.	

Goal Reached for the Week

☐ yes ☐ No

Writing Practice

Date _____   Surah سُورَة

_____

Ayat آيات _____

_____

_____

_____

_____

_____

_____

_____

_____

_____

Writing Practice

Date _____

Surah سُورَة

_____

Ayat آيات _____

_____

_____

_____

_____

_____

_____

_____

_____

_____

_____

Writing Practice

Date _____   Surah سُورَة

_____

Ayat آیات _____

_____

_____

_____

_____

_____

_____

_____

_____

_____

Date _____   This Week's Goal

_____

سُورَة
Surah _____

Ayat آيات

Mon.	
Tue.	
Wed.	
Thu.	
Fri.	
Sat.	
Sun.	

Goal Reached for the Week

☐ yes   ☐ No

Writing Practice

Date _____   Surah سُورَة

_____

Ayat آيات _____

_____

_____

_____

_____

_____

_____

_____

_____

_____

_____

Writing Practice

Date _____   Surah سُورَة

_____

Ayat آيات _____

_____

_____

_____

_____

_____

_____

_____

_____

_____

_____

Writing Practice

Date _____   Surah سُورَة

_____

Ayat آيات _____

_____

_____

_____

_____

_____

_____

_____

_____

_____

Date _____   This Week's Goal

_____

سُورَة
Surah _____

Ayat آيات

Mon.	
Tue.	
Wed.	
Thu.	
Fri.	
Sat.	
Sun.	

Goal Reached for the Week

☐ yes   ☐ No

Writing Practice

Date _____   Surah سُورَة

_____

Ayat آيات _____

_____

_____

_____

_____

_____

_____

_____

_____

_____

_____

Writing Practice

Date _____   Surah سُورَة

_____

Ayat آیات _____

_____

_____

_____

_____

_____

_____

_____

_____

_____

_____

_____

Writing Practice

Date _____   Surah سُورَة

_____

Ayat آيات _____

_____

_____

_____

_____

_____

_____

_____

_____

_____

_____

Date _____   **This Week's Goal**

_____

سُورَة
Surah _____

Ayat آيات

Mon.	
Tue.	
Wed.	
Thu.	
Fri.	
Sat.	
Sun.	

Goal Reached for the Week

☐ yes   ☐ No

Writing Practice

Date _____   Surah سُورَة

_____

Ayat آيات _____

_____

_____

_____

_____

_____

_____

_____

_____

_____

Writing Practice

Date _____

Surah سُورَة

_____

Ayat آيات _____

_____

_____

_____

_____

_____

_____

_____

_____

_____

Writing Practice

Date _____   Surah سُورَة

_____

Ayat آیات _____

_____

_____

_____

_____

_____

_____

_____

_____

_____

_____

Date _____   This Week's Goal

_____

سُورَة
Surah _____

Ayat آيات

Mon.	
Tue.	
Wed.	
Thu.	
Fri.	
Sat.	
Sun.	

Goal Reached for the Week

☐ yes   ☐ No

Writing Practice

Date _____   Surah سُورَة

_____

Ayat آيات _____

_____

_____

_____

_____

_____

_____

_____

_____

_____

_____

Writing Practice

Date _____   Surah سُورَة

_____

Ayat آیات _____

_____

_____

_____

_____

_____

_____

_____

_____

_____

_____

Writing Practice

Date _____   Surah سُورَة

_____

Ayat آيات _____

_____

_____

_____

_____

_____

_____

_____

_____

_____

Date _____   This Week's Goal

_____

سُورَة
Surah _____

Ayat آيات

Mon.	
Tue.	
Wed.	
Thu.	
Fri.	
Sat.	
Sun.	

Goal Reached for the Week

☐ yes   ☐ No

Writing Practice

Date _____   Surah سُورَة

_____

Ayat آيات _____

_____

_____

_____

_____

_____

_____

_____

_____

_____

Writing Practice

Date _____   Surah سُورَة

_____

Ayat آيات _____

_____

_____

_____

_____

_____

_____

_____

_____

_____

_____

Writing Practice

Date _____   Surah سُورَة

_____

Ayat آیات _____

_____

_____

_____

_____

_____

_____

_____

_____

_____

_____

Date _____   **This Week's Goal**

_____

سُورَة
Surah _____

آيات Ayat

Mon.	
Tue.	
Wed.	
Thu.	
Fri.	
Sat.	
Sun.	

Goal Reached for the Week

☐ yes   ☐ No

Writing Practice

Date _____   Surah سُورَة

_____

Ayat آيات _____

_____

_____

_____

_____

_____

_____

_____

_____

_____

_____

Writing Practice

Date _____   Surah سُورَة

_____

Ayat آيات _____

_____

_____

_____

_____

_____

_____

_____

_____

_____

_____

Writing Practice

Date _____   Surah سُورَة

_____

Ayat آیات _____

_____

_____

_____

_____

_____

_____

_____

_____

_____

_____

Date _____   This Week's Goal

_____

سُورَة
Surah _____

Ayat آيات

Mon.	
Tue.	
Wed.	
Thu.	
Fri.	
Sat.	
Sun.	

Goal Reached for the Week

☐ yes   ☐ No

Writing Practice

Date _____   Surah سُورَة

_____

Ayat آيات _____

_____

_____

_____

_____

_____

_____

_____

_____

_____

_____

Writing Practice

Date _____   Surah سُورَة

_____

Ayat آیات _____

_____

_____

_____

_____

_____

_____

_____

_____

_____

Writing Practice

Date _____   Surah سُورَة

_____

Ayat آيات _____

_____

_____

_____

_____

_____

_____

_____

_____

_____

_____

Date _____	This Week's Goal

_____

سُورَة
Surah _____

Ayat آيات

Mon.	
Tue.	
Wed.	
Thu.	
Fri.	
Sat.	
Sun.	

Goal Reached for the Week

☐ yes   ☐ No

Writing Practice

Date _____   Surah سُورَة

_____

Ayat آيات _____

_____

_____

_____

_____

_____

_____

_____

_____

_____

_____

Writing Practice

Date _____   Surah سُورَة

_____

Ayat آیات _____

_____

_____

_____

_____

_____

_____

_____

_____

_____

_____

Writing Practice

Date _____   Surah سُورَة

_____

Ayat آيات _____

_____

_____

_____

_____

_____

_____

_____

_____

_____

_____

Look for our other Journals on Amazon.com

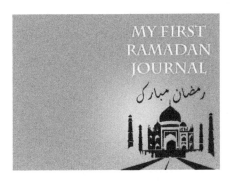

My First Ramadan Journal

Write down your first Ramadan Fasting experience.

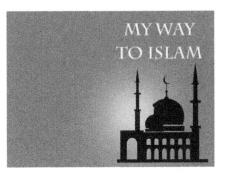

My Way to Islam Journal

Write down how you came to Islam, and how you became a Muslim.

My Food Journal

Change your eating habits by writing down what you eat.

My Panic Journal

Get rid of anxiety and panic attacks by writing down your progress.

Made in the USA
Las Vegas, NV
29 November 2022

60673453R00125